JANE GOODALL

Joan Stoltman
Traducido por Ana María García

Gareth Stevens
PUBLISHING

Please visit our website, www.garethstevens.com. For a free color catalog of all our high-quality books, call toll free 1-800-542-2595 or fax 1-877-542-2596.

Library of Congress Cataloging-in-Publication Data

Names: Stoltman, Joan, author.
Title: Jane Goodall / Joan Stoltman.
Description: New York : Gareth Stevens Publishing, [2019] | Series: Pequeñas biografías de grandes personajes | Includes index.
Identifiers: LCCN 2018020795| ISBN 9781538236567 (library bound) | ISBN 9781538236543 (paperback) | ISBN 9781538236550 (6 pack)
Subjects: LCSH: Goodall, Jane, 1934–Juvenile literature. | Women primatologists–England–Biography–Juvenile literature. | Primatologists–England–Biography–Juvenile literature.
Classification: LCC QL31.G58 S76 2019 | DDC 590.92 [B] –dc23
LC record available at https://lccn.loc.gov/2018020795

Published in 2019 by
Gareth Stevens Publishing
111 East 14th Street, Suite 349
New York, NY 10003

Translator: Ana María García
Editor, Spanish: Natzi Vilchis
Designer: Tanya Dellaccio

Photo credits: series art Yulia Glam/Shutterstock.com; cover, p. 1 Samir Hussein/ WireImage/Getty Images; pp. 5, 11 CBS Photo Archive/CBS/Getty Images; p. 7 Colin McPherson/Corbis Historical/Getty Images; p. 9 (Dr. Louis Leakey) Hulton Archive/ Archive Photos/Getty Images; p. 9 (monkey) Kyri_n Geisser/EyeEm/Getty Images; p. 13 Apic/RETIRED/Hulton Archive/Getty Images; p. 15 ullstein bild/Getty Images; p. 17 BERTRAND GUAY/AFP/Getty Images; p. 19 Duffy-Marie Arnoult/WireImage/ Getty Images; p. 21 David M. Benett/Getty Images Entertainment/Getty Images.

Printed in the United States of America

CPSIA compliance information: Batch #CW19GS: For further information contact Gareth Stevens, New York, New York at 1-800-542-2595.

CONTENIDO

Las palabras del glosario se muestran en **negrita**
la primera vez que aparecen en el texto.

Amante de los animales

Jane Goodall nació en 1934 en Inglaterra. Desde niña le encantaban los animales. Quería mudarse a África y escribir libros sobre animales cuando fuera mayor. Sin embargo, en aquellos tiempos, las mujeres no solían hacer esas cosas. Aun así, su madre le dijo ¡que no se diera por vencida!

De camino a África

Jane no tenía suficiente dinero para la **universidad**, por lo que buscó un trabajo. Luego, una amiga le pidió que fuera a Kenia, un país de África, a visitarla. Jane trabajó duro para ahorrar suficiente dinero y poder viajar. A los 23 años, se fue a Kenia en barco.

Un gran mentor

En Kenia, Jane conoció al Dr. Louis Leakey, que estudiaba **fósiles** y a los primeros humanos. Louis vio lo inteligente que era Jane y le dio un trabajo. Unos años después, Louis necesitaba a alguien para estudiar a los chimpancés. ¡Eligió a Jane por lo mucho que sabía sobre los animales de África!

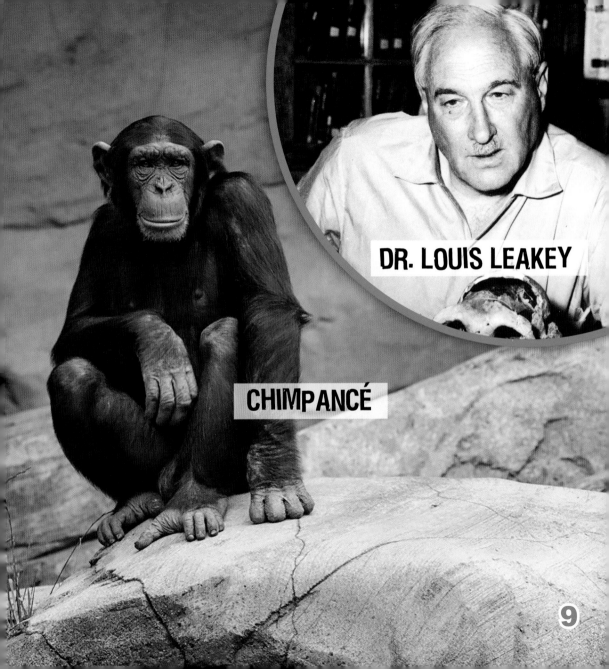

CHIMPANCÉ

DR. LOUIS LEAKEY

En la selva

En 1960, Jane se mudó al Parque Nacional de Gombe, en Tanzania. Al principio, los chimpancés le tenían miedo. Con el tiempo, Jane les mostró que no era un peligro para ellos. Pronto los chimpancés comenzaron a mostrar a Jane conductas y **comportamientos** que ¡cambiarían la ciencia para siempre!

Jane vio cómo un chimpancé utilizaba un palo y pasto para comer. ¡Esto demostró que los humanos no eran los únicos animales que fabricaban y usaban herramientas! Descubrió que los chimpancés también se parecían a los humanos en otros aspectos. Eran sociables y tenían **emociones**. Los vio abrazarse, besarse ¡e incluso reírse!

Mundialmente famosa

De regreso a Inglaterra, Louis ayudó a Jane a ingresar a la universidad para estudiar Ciencias. Sus maestros le dijeron que había realizado mal su **investigación**, pues solo los humanos tenían emociones. Pero Jane sabía que tenía razón, y pronto otros la apoyaron. Hoy, muchos estudian los animales siguiendo sus métodos.

Cuida del planeta

En 1977, Jane puso en marcha el Instituto Jane Goodall para la protección de los animales y del **medio ambiente**. Este grupo trabaja mucho para ayudar a los animales **en peligro de extinción**, como los chimpancés, y para enseñar a otras personas cómo pueden ayudar.

"Si todos actuamos juntos... incluso las pequeñas decisiones que tomamos pueden llevarnos al tipo de mundo que todos nos enorgulleceremos de dejar a nuestros nietos".

—Jane Goodall

17

Roots & Shoots

Jane creó un programa llamado *Roots & Shoots* ('Raíces y Brotes', en español) en 1991 para enseñar a los niños cómo convertirse en **activistas**. Hoy, este programa está presente ¡en más de 130 países! Jóvenes de todas las edades trabajan para ayudar a personas, a animales y al medio ambiente a través de esta organización.

Una mujer increíble

Jane ha viajado por el mundo llevando su mensaje de protección a los animales, al medio ambiente y a todo el planeta. También ha animado a otras personas a tomar medidas. Su labor no solo ha contribuido al campo de la ciencia, sino que ha ayudado ¡a toda la humanidad!

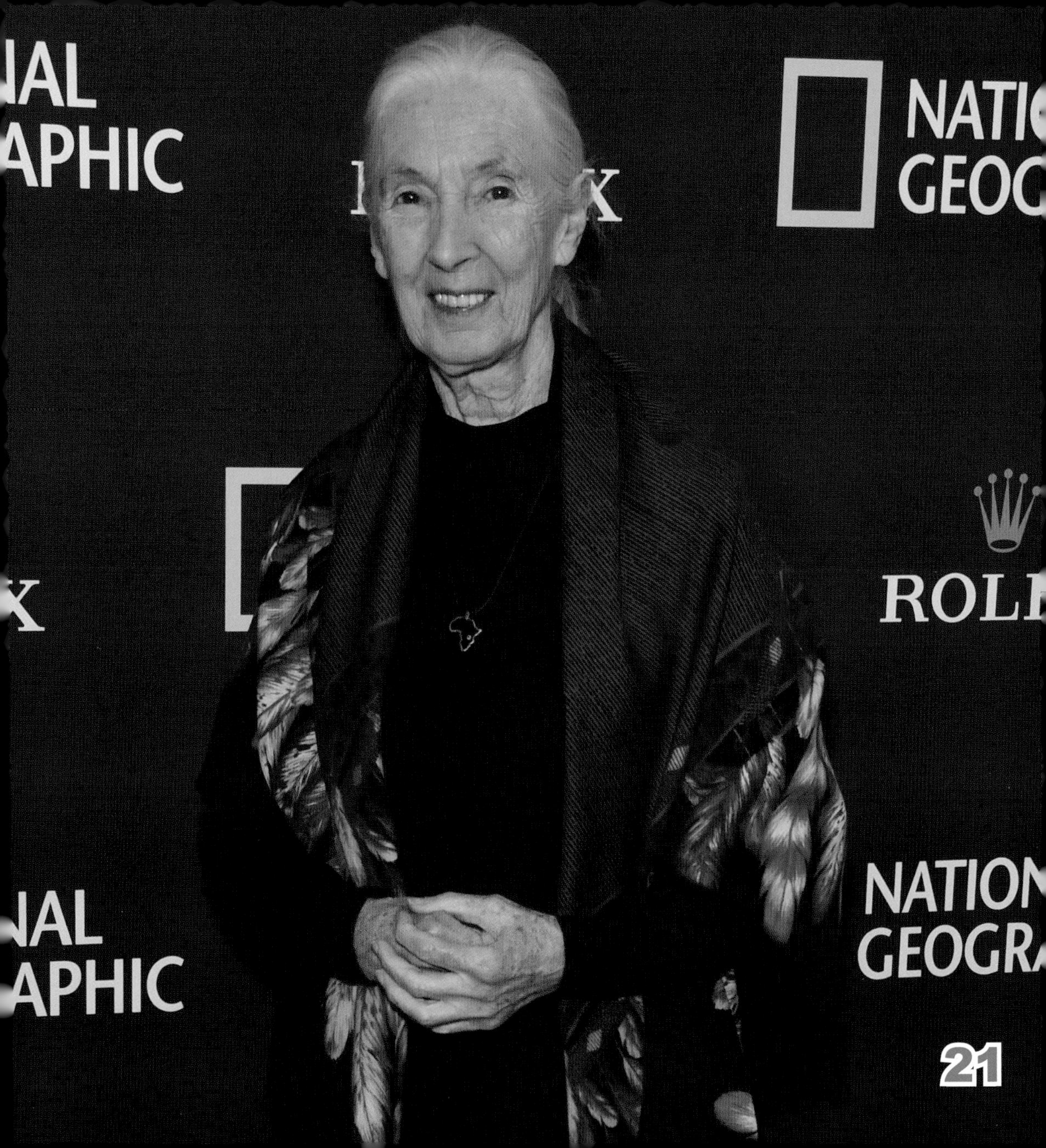

GLOSARIO

activista: alguien que actúa enérgicamente a favor o en contra de un problema o causa.

comportamiento: forma de actuar de un animal o una persona.

emoción: sentimiento fuerte, como el amor, el enojo, la alegría, el odio o el miedo.

en peligro de extinción: con riesgo de desaparecer.

fósil(es): restos de plantas y animales que se han formado durante miles o millones de años.

investigación: estudiar para encontrar algo nuevo.

medio ambiente: mundo natural en el que vive una planta o un animal.

universidad: centro de enseñanza superior donde se estudia después de terminar la escuela.

PARA MÁS INFORMACIÓN

LIBROS

Meltzer, Brad. *I Am Jane Goodall*. New York, NY: Dial Books for Young Readers, 2016.

Rice, William. *Jane Goodall*. North Mankato, MN: Capstone Press, 2017.

SITIOS DE INTERNET

El programa de Jane Goodall *Roots & Shoots*
www.rootsandshoots.org/aboutus
Aprende más en este sitio sobre este programa.

¿Por dónde está Jane?
www.janegoodall.org/our-story/where-in-the-world-is-jane/
Aquí podrás leer historias sobre los viajes de Jane.

Nota del editor a los educadores y padres: nuestro personal especializado ha revisado cuidadosamente estos sitios web para asegurarse de que son apropiados para los estudiantes. Sin embargo, muchos de ellos cambian con frecuencia, por lo que no podemos garantizar que los contenidos que se suban a esas páginas posteriormente cumplan con nuestros estándares de calidad y valor educativo. Les recomendamos que hagan un seguimiento a los estudiantes cuando accedan a Internet.

ÍNDICE